Mark-Oliver Würtz

Die Einführungswerkzeuge des SAP R/3 Systems

GRIN - Verlag für akademische Texte

Der GRIN Verlag mit Sitz in München hat sich seit der Gründung im Jahr 1998 auf die Veröffentlichung akademischer Texte spezialisiert.

Die Verlagswebseite www.grin.com ist für Studenten, Hochschullehrer und andere Akademiker die ideale Plattform, ihre Fachtexte, Studienarbeiten, Abschlussarbeiten oder Dissertationen einem breiten Publikum zu präsentieren.

Mark-Oliver Würtz

Die Einführungswerkzeuge des SAP R/3 Systems

GRIN Verlag

Bibliografische Information der Deutschen Nationalbibliothek: Die Deutsche Bibliothek
verzeichnet diese Publikation in der Deutschen Nationalbibliografie; detaillierte bibliografische Daten sind im Internet über http://dnb.d-nb.de/ abrufbar.

1. Auflage 2000
Copyright © 2000 GRIN Verlag
http://www.grin.com/
Druck und Bindung: Books on Demand GmbH, Norderstedt Germany
ISBN 978-3-638-72326-8

Die Einführungswerkzeuge des
SAP R/3-Systems

REFERAT

Hochschule Bremen
Fachbereich Wirtschaft

Studiengang Betriebswirtschaft (FB9)

Hausarbeit im Fach Informatik
WS 1999/2000

vorgelegt von :   Mark-Oliver Würtz

Stuhr, 11.02.2000

Inhaltsverzeichnis

1 Einleitung

Eine sich ständig verändernde Marktsituation mit zunehmendem Konkurrenzdruck macht es erforderlich, daß Unternehmen permanent ihre Aufbau- und Ablaufstrukturen prüfen und bei Bedarf den Markterfordernissen anpassen.

Wurden in der Vergangenheit primär funktionale Aspekte bei der Auswahl von Informationssystemen betont, so werden heute zunehmend ganzheitliche, ablauforganisatorische Optimierungen mit dem DV-Einsatz verfolgt. Geschäftsprozesse sollen schlanker und effektiver gestaltet werden und es dadurch einem Unternehmen ermöglichen, schnell und flexibel auf Wünsche und Anforderungen seiner Kunden zu reagieren.

Bei der Planung von Organisations- und DV-Projekten stellt sich daher die Anforderung, daß zum einen verschiedene Abteilungen im Unternehmen zur Realisierung des optimalen Konzeptes miteinander kommunizieren müssen. Zum anderen muß sichergestellt werden, daß die Mitarbeiter von Systemanbietern (Berater) und die Fachbereichsanwender bzw. die DV/Organisationsplaner eines Unternehmens „die gleiche Sprache sprechen". Denn häufig führen gerade Mißverständnisse in der Planungsphase in der späteren Realisierungsphase zu Projektverzögerungen und damit zu höheren Projektkosten.

Vor diesem Hintergrund verwundert es somit nicht, daß Einführungsprojekte von Standardsoftware – in diesem Zusammenhang R/3 - die eine komplexe aufbau- und ablauforganisatorische Unternehmensstruktur abbilden sollen, in sich ebenfalls komplex sind. So können R/3-Einführungsprojekte bis zu fünf Jahren dauern und letztendlich auch sogar an methodischen Aspekten innerhalb der Projektarbeit scheitern.

Die SAP AG bietet daher eine Reihe von Einführungswerkzeugen an, mit deren Hilfe ein R/3-Einführungsprojekt strukturiert und auf qualitativen, nach ISO 9000 zertifizierten Standards durchgeführt werden kann.

Inhalt dieser Arbeit ist es, diese Einführungswerkzeuge im Detail vorzustellen. Der Schwerpunkt liegt dabei auf dem Vorgehensmodell, dem Referenzmodell und dem Customizing (IMG). Darüber hinaus werden unterstützende Tools wie z.B. SAPoffice kurz vorgestellt, sowie ein Ausblick auf aktuelle und zukünftige Methoden und Werkzeuge zur R/3-Einführung gegeben.

2 Das Vorgehensmodell

2.1 Allgemeines

Das Vorgehensmodell ist eine zentrale Komponente innerhalb der Einführungswerkzeuge des R/3-Systems und stellt die Organisations- und Verwaltungsstruktur für R/3-Einführungen zur Verfügung.

Das Vorgehensmodell kann somit als chronologischer Projektplan zur Steuerung und Koordination der Einführung der SAP R/3-Software innerhalb eines spezifischen Projektes angesehen werden. Es beschreibt in insgesamt 27 Arbeitspaketen, die in 4 Phasen gegliedert sind, die einzelnen Aktivitäten, die innerhalb eines Projektmanagements zur R/3-Einführung notwendig sind. Dabei unterstützt es die Projektverantwortlichen mit ausführlicher Dokumentation, Hinweisen und Durchführungsempfehlungen. [1]

2.1.1 Aufgaben und Ziele

Primäre Aufgabe des Vorgehensmodells ist es, die Projektverantwortlichen in ihrer Arbeit insofern zu unterstützen, als es

- den methodischen und chronologischen Rahmen für den Projektverlauf vorgibt
- und Projektstandards zur Administration und Projektverfolgung zur Verfügung stellt.

So werden neben allgemeinen, administrativen Aufgaben, die im Rahmen des Projektmanagements anfallen (z.b. Planung und Kontrolle von Zeiten und Ressourcen) auch spezielle Aufgaben wie das Erstellen von Sollkonzepten auf Basis des Referenzprozeßmodells oder die jeweiligen Customizing-Aktivitäten detailliert beschrieben und koordiniert. [2]

Durch seine Navigationskomponente kann auf Basis des Vorgehensmodells vom jeweiligen Arbeitspaket hin zum notwendigen Tool wie Referenzprozeßmodell oder Customizing-Aktivität verzweigt werden. (Vgl. 2.1.3 Arbeitspakete)

Da auch die allgemeine Projektadiministration durch das Vorgehensmodell funktional unterstützt wird, bietet es ebenfalls einen methodischen Rahmen für die gesamte Projektarbeit.

Darüber hinaus erfüllt das Vorgehensmodell auch die Anforderungen der Qualitätssicherung innerhalb des Projektes, die im Rahmen der ISO 9000 heutzutage an ein Projektmanagement gestellt werden. [3]

2.1.2 Aufbau

Das Vorgehensmodell gliedert sich in 4 Phasen. Jede Phase endet mit einer Qualitätsprüfung (Review) als Übergang in die nächste Phase. Die einzelnen Phasen sind:

1. Detaillierung und Realisierung
2. Organisation und Konzeption

---

[1] Vgl.: SAP-AG (Hrsg.), R/3-System Online Documentation, Rel. 3.1g, Walldorf 1997.
[2] Vgl. Keller, G., Brenner, W., SAP R/3, 1998, S. 190 ff
[3] Vgl. SAP-AG (Hrsg.), Die Business Engineering Workbench, Walldorf 1997, S. 2-2.

3. Produktionsvorbereitung
4. Produktivbetrieb

Die einzelnen Phasen beinhalten zum Teil spezifische Arbeitspakete, die projektspezifische Anforderungen zur R/3-Einführung beinhalten, zum anderen werden sie von zwei phasenübergreifenden Arbeitspaketen begleitet, sie sowohl zur Ersteinführung als auch zu zusätzlichen Projekten wie Releasewechsel oder Erweiterungsprojekten Unterstützung bieten. (Vgl. Abbildung 1: Vorgehensmodell)

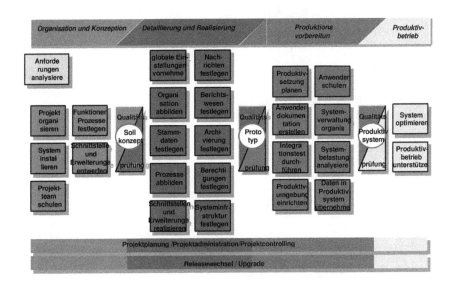

Abbildung 1: Vorgehensmodell[4]

Neben dieser Darstellung ist es auch möglich, das Vorgehensmodell lediglich als Standardtext anzuzeigen, oder, um den Prozeßcharakter transparent zu machen, eine Darstellung in Form einer Ereignisgesteuerten Prozeßkette (EPK) zu wählen.[5]

2.1.3 Arbeitspakete

Jede Phase des Vorgehensmodells enthält unterschiedliche Arbeitspakete, die alle den gleichen strukturellen Aufbau haben. In den Arbeitspaketen sind eine allgemeine Beschreibung (Inhalt, Auslöser, Eingehende Informationen, erarbeitete Informationen und Ergebnis) sowie die Beschreibung ergänzende Empfehlungen und Hinweise (Durchführungsempfehlungen und Hilfestellung für die Nutzung der Werkzeuge) hinterlegt.[6]

---

[4] Quelle: http://www.sap-ag.de/
[5] Vgl.: SAP-AG (Hrsg.), R/3-System Online Documentation, Rel. 3.1g, Walldorf 1997.
[6] Vgl. Keller, G., Brenner, W., SAP R/3, 1998, S. 190 ff

Pro Arbeitspaket sind vier Bearbeitungspunkte vorgesehen. Über das Symbol Text kann die Online Dokumentation aufgerufen werden. Mit dem Symbol Status können Statusinformationen wie Beginn und Ende für Projekte gepflegt werden. Das Symbol Notiz verzweigt in einen vorher gewählten Texteditor, in dem formlos Anmerkungen zum jeweiligen Projekt gepflegt werden können. Hinter dem Symbol Aktivitäten stehen je Arbeitspaket unterschiedliche Aktivitäten zur Auswahl, d.h. daß Transaktionen im Referenzmodell oder Customizing direkt aus den Arbeitspaketen heraus aufgerufen und ausgeführt werden können. (Vgl. Abbildung 2: Arbeitspakete)

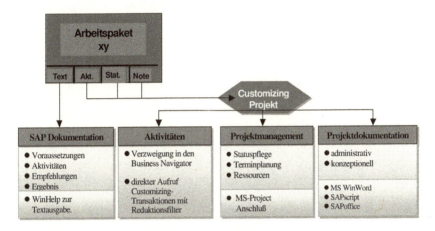

Abbildung 2: Arbeitspakete[7]

2.1.4 Einbindung in das Projektmanagement

Wie bereits in den Kapiteln 2.1.1 „Aufgaben und Ziele" sowie 2.1.3 „Arbeitspakete" beschrieben wurde, verfügt das Vorgehensmodell über eine weitreichende Funktionalität für das Projektmanagement.

Darüber hinaus ist es aber auch möglich das Vorgehensmodell per Download auch in anderen Projektmanagement-Programmen (z.B. MS-Project) verfügbar zu machen, um zusätzliche Funktionalitäten wie z.B. Kostenkontrolle für die Projektadministration nutzen zu können. [8]

2.2 Phase 1: Organisation und Konzeption

In der ersten Phase werden die Organisation des Projektes und die Konzeption der R/3-Einführung mit dem Ziel bestimmt, ein Sollkonzept zu erstellen. Die Projektvorbereitung kann als erste Aktivität innerhalb des Einführungsprojektes, aber auch im Rahmen einer der R/3-Einführung vorausgehenden Projektphase (Einsatzuntersuchung) vorgenommen werden. Im einzelnen werden folgende Schritte in dieser Phase durchgeführt:

---

[7] Quelle: Eigene Darstellung
[8] Vgl. SAP-AG (Hrsg.), Die Business Engineering Workbench, Walldorf 1997, S. 2-1.

- Die Organisation der Projektarbeit wird festgelegt (Besetzung, Aufgabenverteilung, Einrichtung von Teilprojekten, ...).
- Die zukünftige Gestaltung der Aufbau- und Ablauforganisation in Abhängigkeit von den Projektzielen wird erarbeitet (Fachkonzept).
- Die im R/3-System zu implementierenden Funktionen und Prozesse werden aufgrund einer groben Bestandsaufnahme modelliert (z.b. mit ARIS-Toolset) und ein grober Abgleich der Organisationseinheiten des Unternehmens und den R/3-Struktureinheiten wird durchgeführt (Fachkonzept).
- Die Systemerweiterungen und/oder Schnittstellen für externe Systeme und Datenübernahmen werden eingeplant. (DV-Konzept).
- Die Einführungsstrategie (Big Bang, Modular, ...), basierend auf den gewonnenen Informationen unter Berücksichtigung von Zeit- und Kostenzielen, wird entwickelt.

Nach dieser Phase steht in Form eines Sollkonzeptes (Fach- und DV-Konzept) fest, welche Komponenten und Prozesse des R/3-Systems implementiert werden und welche Projektteams für die Durchführung der Teilprojekte verantwortlich sind (Vgl. Abbildung 3: Phasen).[9]

2.3 Phase 2: Detaillierung und Realisierung

In der zweiten Phase wird das Sollkonzept der ersten Phase im R/3-System abgebildet und getestet. Dies beinhaltet das Erstellen der Schnittstellen bzw. der Datenkonvertierungs- und Übernahmeprogramme. Ergebnis dieser Phase ist das unternehmensspezifische Anwendungssystem (als Testmandant), das der softwaretechnischen Umsetzung des Sollkonzeptes entspricht. Dazu werden in dieser Phase folgende Schritte in Form des sog. Customizing (Vgl. Kapitel 4 Customizing (IMG)) durchgeführt:

- Globale Einstellungen (Auswahl von Währungen, Ländern und Fabrikkalendern, etc.) werden vorgenommen.
- Die Unternehmensstruktur wird abgebildet.
- Die Systemeinstellungen für Stammdaten, Prozesse, Berichtswesen Archivverwaltung und das Berechtigungskonzept werden festgelegt.
- Schnittstellen und Erweiterungen werden programmiert.
- Die Systemeinstellungen werden getestet!

Nach Abschluß dieser Phase ist die Detaillierung des Softwarekonzeptes und deren Realisierung durch Customizing-Einstellungen vollzogen (Vgl. Abbildung 3: Phasen.) [10]

---

[9] Vgl.: SAP-AG (Hrsg.), R/3-System Online Documentation, Rel. 3.1g, Walldorf 1997.
[10] Vgl.: SAP-AG (Hrsg.), R/3-System Online Documentation, Rel. 3.1g, Walldorf 1997.

2.4 Phase 3: Produktionsvorbereitung

In der dritten Phase werden die Vorbereitungen für die Produktivsetzung des Systems getroffen. Das Ergebnis dieser Phase ist ein geprüftes, produktives System (sog. Produktivmandant). Im einzelnen werden folgende Schritte in dieser Phase durchgeführt:

- Die benötigte Hard- und Software wird installiert.
- Die Arbeitsabläufe und die Zuständigkeiten der Anwender werden dokumentiert (Anwenderdokumentation).
- Die Anwender werden durch die Key-User[11] geschult.
- Die Systemadministration wird organisiert.
- Die Datenübernahme aus dem Altsystem wird durchgeführt.

2.5 Phase 4: Produktivbetrieb

Die Phase des Produktivbetriebs behandelt die weiterführende Betreuung des Produktivsystems. Nach Abschluß dieser Phase sollte ein stabiler, reibungsloser Produktivbetrieb sichergestellt sein. Dazu werden in dieser Phase folgende Schritte durchgeführt:

- Die Anwender werden durch die Key-User betreut.
- Das System wird optimiert (funktional und ablauftechnisch).
- Neue Funktionen und Prozesse werden evtl. eingeführt (z.B. Workflowmanagement)
- Die Systemkonfiguration wird angepaßt.[12]

2.6 Projektplanung/Projektadministration/Projektcontrolling

Im phasenübergreifenden Arbeitspaket Projektplanung/Projektadministration und Projektcontrolling wird der Projektverlauf dokumentiert. Die Erreichung der jeweiligen Projektziele wird überwacht und Korrekturmaßnahmen eingeleitet. Durch die kontinuierliche Fortschreibung der Statusinformationen ist eine Analyse der Plan- und Ist-Daten über Stand und Fortschritt des Projektes möglich. Dabei erfolgt die Projektverwaltung und –Dokumentation für jedes Customizing-Projekt separat.

2.7 Systemwartung und Releasewechsel

Die zweite phasenübergreifende Aufgabe Systemwartung und Releasewechsel beinhaltet die (Customizing-) Aktivitäten, die durchgeführt werden müssen, um beim Upgrade die ausgelieferten Korrekturen bzw. beim Releasewechsel die neuen Funktionalitäten nutzen zu können. Als Ergebnis dieses Arbeitspaketes liegt ein erfolgreich durchgeführter Systemupgrade bzw. Releasewechsel inklusive der getesteten neuen Funktionalitäten vor.[13]

---

[11] Unter Key-Usern versteht man Mitarbeiter aus den Fachabteilungen, die bereits in der ersten Phase des Projektes intensiv im Systemumgang geschult wurden und somit über weitreichende Kenntnisse der jeweiligen Module verfügen.

[12] Vgl.: SAP-AG (Hrsg.), R/3-System Online Documentation, Rel. 3.1g, Walldorf 1997.

[13] Vgl. SAP-AG (Hrsg.), Die Business Engineering Workbench, Walldorf 1997, S. 3-11.

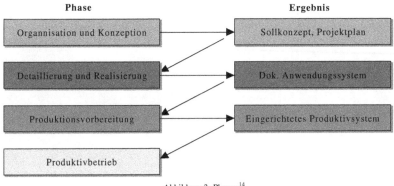

Abbildung 3: Phasen[14]

3 Das Referenzmodell

3.1 Allgemeines

Das R/3-Referenzmodell beschreibt in weitestgehend graphischer Darstellung die unterschiedlichen Aspekte von betrieblichen Geschäftsprozessen, wie beispielsweise Informationsflüsse, Daten- und Organisationsstrukturen, die zeitliche Reihenfolge der durchzuführenden Aufgaben und die entsprechende Realisierung im R/3-System aus verschiedenen Sichten.

Die Darstellung dieser Aspekte erfolgt mit Hilfe der sog. „Ereignisgesteuerten Prozeßkette (EPK)", die von der Firma IDS entwickelt wurde und ebenfalls die semantische Basis für das ARIS-Toolset ist.

Die Darstellung erfolgt durch

- den Business Navigator (im R/3-System)
- oder den R/3-Analyzer (PC-basiert)

Die Ablage des Referenzmodells erfolgt im R/3-Repository.[15]

Das Referenzmodell kann also als Metamodell für sämtliche R/3-Geschäftsprozesse (ca. 900) und die damit zusammenhängenden (Business-) Objekte und Daten bezeichnet werden. Es beschreibt somit auf graphischer Basis den gesamten Leistungsumfang der R/3-Software.[16]

---

[14] Quelle: Eigene Darstellung.
[15] Das R/3-repository ist die zentrale Ablage für alle Prozeßmodelle, Business-Objekt-Modelle sowie Datenmodelle inklusive sämtlicher dazugehöriger Informationen wie Datendefinitionen, Dynpros und Programmobjekten (Vgl. SAP-AG (Hrsg.), R/3-System Online Documentation, Rel. 3.1g, Walldorf 1997).
[16] Vgl. SAP-AG (Hrsg.), Die Business Engineering Workbench, Walldorf 1997, S. 2-6.

3.1.1 Aufgaben/Ziele.

Mit seinen unterschiedlichen Modelltypen unterstützt das Referenzmodell die R/3-Implementierung in sämtlichen Phasen. Es kann eingesetzt werden, um:

- die R/3-Standardfunktionalität mit der unternehmensspezifischen Aufbau- und Ablauforganisation zu vergleichen und dabei alle relevanten Funktionen und Prozesse auszuwählen (Erstellung des Fachkonzeptes)
- Schnittstellen für Fremdsysteme und/oder die Datenübernahme zu entwerfen (DV-Konzept)
- den Ablauf von Geschäftsprozessen im Rahmen eines Reengineerings oder Redesigns zu optimieren
- das Projektteam und die Anwender zu schulen
- die Anwenderdokumentation zu erstellen.[17]

Man kann sagen, daß der Einsatz des Referenzmodells vor allem in der Konzeptionsphase stattfindet und es somit die Basis für das spätere Customizing bildet (Phase 2).

3.1.2 Aufbau

Das Referenzmodell ist in verschiedene Sichten gegliedert (vgl. Abbildung 4: Sichten im Referenzmodell), die sich nach verschiedenen Zielgruppen (betriebswirtschaftlich oder informationstechnisch orientieren. Im einzelnen sind dies:

- Prozeßsicht
- Funktionssicht
- Informationsflußsicht
- Datensicht
- Organisationssicht.

Zwischen den Sichten kann mit Hilfe des Business Navigators oder des R/3-Analyzers verzweigt werden. Darüber hinaus können auch spezifische Unternehmensmodelle zu Vergleichszwecken in das Referenzmodell (bzw. R/3-Repository) importiert werden.[18]

---

[17] Vgl. Keller, G., Brenner, W., Business Reengineering, 1995, S. 54 ff.
[18] Vgl. SAP-AG (Hrsg.), R/3-System Online Documentation, Rel. 3.1g, Walldorf 1997.

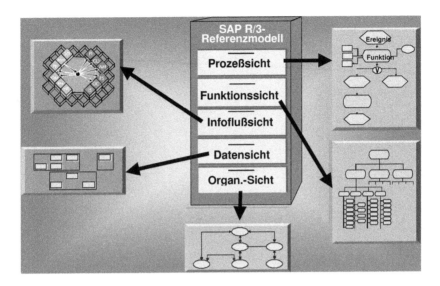

Abbildung 4: Sichten im Referenzmodell[19]

3.2 Sichten

Das R/3-Referenzmodell kann vom Anwender aus (zielgruppenorientierten) verschiedenen Sichten aufgerufen werden.

Im Business Navigator sind dies

- die Prozeßsicht
- und die Komponentensicht, die der Funktionssicht entspricht.

Die übrigen Sichten (Daten-, Organisations- und Informationsflußsicht) werden hier nur in Form von direkten Zuordnungen zu den Objekten der EPKs dargestellt.

Im R/3-Analyzer können jedoch auch diese Sichten vollständig aufgerufen werden.[20]

3.2.1 Prozeßsicht

Die Prozeßsicht innerhalb des Referenzmodells bietet einen prozeßorientierten Zugang zu den

- Unternehmensprozeßbereichen
- Szenarien (synonym: Szenarioprozeß) und
- Prozessen

des R/3-Systems über die sogenannte Prozeßauswahlmatrix.[21]

---

[19] Quelle: SAP-AG.
[20] Vgl. SAP-AG (Hrsg.), R/3-System Online Documentation, Rel. 3.1g, Walldorf 1997.
[21] Vgl. SAP-AG (Hrsg.), Die Business Engineering Workbench, Walldorf 1997, S. 2-10.

Unternehmensprozeßbereiche stellen die betriebswirtschaftliche Gliederung des R/3-Systems nach homogenen Aufgabenkomplexen im Sinne einer prozeßorientierten Strukturierung dar. Dies sind bei SAP z.B. Vertrieb, Beschaffung, Produktion, usw.

Szenarien sind Muster für (Meta-)Geschäftsprozesse, die innerhalb eines Unternehmensprozeßbereiches ablaufen. Dies sind bei SAP im Vertrieb z.B. Lagerverkauf an industrielle Abnehmer, Kundenauftragsabwicklung (Make-to-order) oder Projektorientierte Einzelfertigung, usw.

Prozesse beschreiben die kleinste abgeschlossene betriebswirtschaftliche Aufgabe innerhalb eines Szenarios. Dies sind bei SAP für das Szenario „Lagerverkauf" z.B. Kundenangebotsbearbeitung, Kundenauftragsbearbeitung, usw.

Die Darstellung der Prozesse erfolgt durch EPKs. Darüber hinaus ist die Prozeßsicht die zentrale Sicht im Referenzmodell, da von ihr aus sämtliche Beziehungen zu anderen Sichten wie Informationsbeziehungen und Organisationszuständigkeiten ersichtlich sein können. [22]

3.2.2 Funktionssicht

In der Funktionssicht bzw. der Komponentensicht wird das komplexe Funktionsgebilde der Unternehmensbereiche – im Gegensatz zur Prozeßsicht in einer statischen Struktur dargestellt. Daraus lassen sich zum einen Über- und Unterordnungen und zum anderen Zugehörigkeiten von Funktionen zu Funktionsgruppen ersehen. Auch hier orientiert sich die Gliederungstiefe an betriebswirtschaftlichen Kriterien. So werden globale Unternehmensfunktionen über vier „Level" hinweg bis hin zur Funktion zerlegt, die einer Tätigkeit oder im R/3-System einer Transaktion entspricht. Die einzelnen Level sind:

- Level 0: Applikation/Unternehmensbereich (z.B.: Vertrieb)
- Level 1: Funktionsbereich der Applikation (z.B. Stammdatenbearbeitung, Verkauf)
- Level 2: Hauptfunktionen innerhalb des Funktionsbereiches (z.B. Angebotserstellung, Auftragsbearbeitung)
- Level 3: Funktionen einer Hauptfunktion (z.B. Terminauftragsbearbeitung)[23]

3.2.3 Informationsflußsicht

In dieser Sicht werden die informationstechnischen In- und Outputs der einzelnen Objekte eines Prozesses zu anderen Prozessen und/oder Funktionen dargestellt. Durch den hohen Integrationsaspekt der R/3-Software spielt dieser Sachverhalt eine wesentliche Rolle. So können beispielsweise ausgehende Informationen von einzelnen Funktionen Inputdaten für andere Funktionsbereiche sein (z.B. Daten des Rechnungswesens für die Kreditkontrolle im Vertrieb). Hauptaufgabe dieser Sicht ist es, bereits zu Projektbeginn diese Interdependenzen aufzuzeigen und somit eine konsistente Projektarbeit in den Teilprojekten zu gewährleisten. [24]

Die vollständige Sicht ist nur im R/3-Analyzer enthalten.

---

[22] Vgl. SAP-AG (Hrsg.), R/3-System Online Documentation, Rel. 3.1g, Walldorf 1997.
[23] Vgl. Rosemann, M., u.a., Geschäftsprozeßoptimierung, 1995, S. 17 ff.
[24] Vgl. Keller, G., Brenner, W., Business Reengineering, 1995, S. 64.

3.2.4 Datensicht

Damit Funktionen innerhalb des Prozesses erfolgreich durchgeführt werden können, benötigen sie zum einen Informationsinput von vorgelagerten Funktionen, zum anderen erzeugen sie neue Informationsobjekte bzw. neue Zustände existierender Informationsobjekte. Dies wird in der Datensicht dargestellt. Sie spielt daher auch eine wesentliche Rolle bei der Konzeption der Schnittstellen im Rahmen der R/3-Einführung.

Darüber hinaus werden in dieser Sicht die direkten Beziehungen unabhängig von funktionalen Eigenschaften zwischen einzelnen Informationsobjekten dargestellt. So kann z.B. ein Material eindeutig einem Werk zugeordnet sein.[25]

Die vollständige Sicht ist nur im R/3-Analyzer enthalten.

3.2.5 Organisationssicht

In der Organisationssicht werden die Beziehungen der Organisatorischen Einheiten im R/3-System dargestellt. Diese Beziehungen sind zwar flexibel gestaltet worden, dennoch lassen sich aufgrund der in der realen Unternehmenswelt vielfältig vorkommenden Organisationsstrukturen Fälle finden, bei denen sich eine direkte Umsetzung der organisatorischen Gegebenheiten ins R/3 als unmöglich erweisen.

Um derzeitige Zusammenhänge und Abhängigkeiten frühzeitig in der Planung erkennen und in das Fachkonzept einfließen lassen zu können, wird im R/3-Referenzmodell das Organisationsmodell des R/3-Systems transparent gemacht und kann mit der jeweiligen Aufbauorganisationsstruktur des Unternehmens abgeglichen werden.[26]

Die vollständige Sicht ist nur im R/3-Analyzer enthalten.

4 Customizing (IMG)

4.1 Allgemeines

Unter Customizing versteht man die Abbildung der Unternehmensprozesse durch Einrichtung und Parametrisierung des R/3-Systems. Customizing umfaßt demnach keine Modifikationen.

Ausgehend vom Vorgehensmodell ist das Customizing die Implementierung der Ergebnisse des Fachkonzeptes (Phase 1) in das R/3-System. Dies stellt die Hauptaktivität der Phase 2 des Vorgehensmodells dar.

Die Customizing-Einstellungen erfolgen mit Hilfe von sog. IMG-Aktivitäten (vgl. Kapitel 4.5 IMG-Aktivitäten). Hier werden in den sog. „Views"[27] die physikalischen Tabellen des R/3-Systems gemäß den Kundenanforderungen gepflegt bzw. eingerichtet. [28]

---

[25] Vgl. Rosemann, M., u.a., Geschäftsprozeßoptimierung, 1995, S. 19 ff.

[26] Vgl. Rosemann, M., u.a., Geschäftsprozeßoptimierung, 1995, S. 28 ff.

[27] Ein View ist eine anwendungsabhängige Sicht auf verschiedene Tabellen, die als einfaches, betriebswirtschaftliches Objekt abgelegt sind. Views haben eine standardisierte Navigations- und Pflegeoberfläche. (Vgl. SAP-AG (Hrsg.), R/3-System Online Documentation, Rel. 3.1g, Walldorf 1997).

[28] Vgl. SAP-AG (Hrsg.), Die Business Engineering Workbench, Walldorf 1997, S. 2-13 ff.

4.2 Auslieferungssystem

Bei der R/3-Installation in Phase 1 des Vorgehensmodells werden standardmäßig 2 Mandanten eingerichtet.

4.2.1 Mandant 000

In diesem Mandanten sind für alle Tabellen Voreinstellungen und Mustereinträge gepflegt. Die Voreinstellungen sind die Customizing-Einstellungen der Standardprozesse wie sie im Referenzmodell abgebildet sind. Diese Voreinstellungen werden mit jedem Upgrade oder Releasewechsel aktualisiert. Darüber hinaus ist der Mandant die Vergleichsbasis beim Tabellenvergleich zwischen Kundenmandant und SAP-Standard.

Die oben genannten Eigenschaften bedingen, daß in diesem Mandanten keine Customizing-Einstellungen vorgenommen werden dürfen. [29]

4.2.2 Mandant 001

Der Mandant 001 ist eine inhaltsgleiche Kopie des Mandanten 000. In diesem Mandanten wird zumeist das Customizing durchgeführt. Die Customizing-Einstellungen werden dann durch Transportaufträge[30] in die Kundenmandanten übernommen und dort getestet.

4.2.3 Andere Mandanten

Neben den standardmäßig ausgelieferten Mandanten, besteht auch die Möglichkeit, sog. Kundenmandanten einzurichten. Dafür wird zumeist der Mandant 000 oder 001 in einen anderen Mandanten kopiert. In der Praxis sind vor allem

- Testmandanten
- Produktivmandanten
- Konsolidierungsmandanten
- und Schulungsmandanten (z.B. der IDES-Mandant der SAP-AG)

vorzufinden.

4.3 Einführungsleitfaden (IMG)

Der Einführungsleitfaden (engl. Implementation Guide – IMG) ist zusammen mit dem Vorgehensmodell der Strukturplan für die R/3-Einführung. Darüber hinaus unterstützt er auch Upgrades und Releasewechsel.

Im Gegensatz zum Vorgehensmodell, das den gesamten Projektverlauf technisch unterstützt, unterstützt der IMG hauptsächlich nur die eigentliche Implementierung. Daher wird er schwerpunktmäßig in Phase 2 eingesetzt.

Er ist ein hierarchisch gegliedertes Hyptertextbuch. Die Gliederung erfolgt wie im Referenzmodell nach Anwendungsbereichen bis hin zum einzelnen Arbeitsschritt. Innerhalb der Anwendungsbereiche sind die Customizing-Aktivitäten nach der

---

[29] Vgl. SAP-AG (Hrsg.), R/3-System Online Documentation, Rel. 3.1g, Walldorf 1997.
[30] In Transportaufträgen werden Customizing-Einstellungen und Korrekturen zusammengefaßt und von einem (Entwicklungs-) System in ein anderes System bzw. Mandanten übernommen. Beispielsweise entsprechen Upgrades Transportaufträgen.

Reihenfolge der Bearbeitung gegliedert. Im Rahmen der Arbeitsschritte werden die eigentlichen Customizing-Einstellungen vorgenommen.

Es besteht auch die Möglichkeit, kundenindividuelle Arbeitsschritte in den IMG mit aufzunehmen. Dies können z.b. erforderliche Zusatzprogrammierungen wie Reports sein.[31]

4.4 IMG-Hierachien

Im R/3-System kann man neben dem hierarchischen Aufbau des IMG auch noch zwischen verschiedenen (Komplexitäts-) Typen bezüglich Umfang und Größe der IMG unterscheiden. Diese IMG-Hierachien dienen (ab Release 3.0) in diesem Zusammenhang dazu, aus dem vollständigen Funktionsangebot der R/3-Software lediglich die benötigten Komponenten und Funktionen auszuwählen und somit nur die jeweils relevanten Customizing-Aktivitäten durchführen zu müssen.

4.4.1 Referenz-IMG

Im R/3-Auslieferungssystem ist ein IMG enthalten, in dem die Systemeinstellungen aller Module gemäß Referenzmodell hinterlegt sind. Dieser sog. (SAP-) Referenz-IMG umfaßt über 8.000 Customizing-Aktivitäten.

Dieser IMG würde somit einer vollständigen SAP-Einführung entsprechen, wie sie in der Praxis so gut wie nicht vorzufinden ist. Daher kann dieser IMG in mehreren Schritten auf das jeweils notwendige Maß reduziert werden.[32]

4.4.2 Unternehmens-IMG

Ausgehend vom Referenz-IMG können über eine Funktionsauswahl diejenigen Module/Funktionen und Länder ausgewählt werden, für die das R/3-System unternehmensweit eingesetzt werden soll.

Mit Hilfe dieser Angaben generiert das System aus dem Referenz-IMG den sog. Unternehmens-IMG. Dieser IMG enthält somit lediglich die Aktivitäten, die das Unternehmen benötigt, um die gewählten Module zu implementieren.[33]

4.4.3 Projekt-IMG

Ziel des Projekt-IMGs ist es, den Unternehmens-IMG weiter funktional zu unterteilen. Hierzu werden aus dem Unternehmens-IMG mehrere Projekt-IMGs generiert, indem wiederum Module und einzelne Länder selektiert werden. Diese Projekt-IMGs enthalten nunmehr lediglich die Aktivitäten, die für die Implementierung der jeweiligen Module und deren Integration zu anderen Modulen nötig sind.

Die Projekt-IMGs sind zumeist modular gegliedert, d.h. pro einzuführendem Modul in den jeweiligen Ländern wird ein Projekt-IMG erzeugt.

---

[31] Vgl. Keller, G., Brenner, W., SAP R/3, 1998, S. 208 ff.
[32] Vgl. SAP-AG (Hrsg.), Die Business Engineering Workbench, Walldorf 1997, S. 2-15 ff.
[33] Vgl. SAP-AG (Hrsg.), R/3-System Online Documentation, Rel. 3.1g, Walldorf 1997.

Darüber hinaus unterstützt diese Form der Unterteilung auch die eigentliche Projektorganisation und deren Administration, da diese zumeist in modulorientierte Teilprojekte untergliedert ist (vgl. Kapitel 2.2 Phase 1: Organisation und Konzeption).

4.4.4 Sichten

Zu den Projekt-IMGs können in einem abschließenden Schritt noch verschiedene Sichten generiert werden, die ebenfalls wiederum als Reduktionsfilter auf den Projekt-IMG wirken. Im SAP-Standard sind folgende Sichten generierbar:

- **Sicht: Muß-Aktivitäten**
  In dieser Sicht sind nur die Arbeitsschritte enthalten, die im Auslieferungssystem nicht komplett voreingestellt werden können, wie z.b. die Einrichtung der Unternehmensorganisation, etc. Soll im Unternehmen ansonsten nur der SAP-Standard implementiert werden, so reicht es aus, diese Einstellungen zu bearbeiten.

- **Sicht: Kann-Aktivitäten:**
  Diese Sicht stellt eine Ergänzung zu den Muß-Aktivitäten dar. Die darin enthaltenen Aktivitäten müssen nur dann gepflegt werden, wenn vom SAP-Standard abgewichen werden soll. Parallel dazu können hier auch später eventuelle Optimierungseinstellungen vorgenommen werden (vg. Kapitel 7.4 Phase 4: Produktivnutzung).

- **Sicht: Kritische Aktivitäten:**
  In dieser Sicht sind diejenigen Arbeitsschritte zusammengefaßt, deren Bearbeitung besondere Sorgfalt erfordert, da ihre Änderungen Funktions- oder sogar mandanten-übergreifend wirken. Dies können z.b. Einstellungen zur Integration in andere Module oder unternehmensorganisatorische Einstellungen sein.

- **Sicht: Unkritische Aktivitäten:**
  Entsprechend der Sicht: Kritische Aktivitäten beinhaltet diese Sicht nur Arbeitsschritte, deren Bearbeitung keine weitreichenden Auswirkungen auf das System haben kann.

- **Sicht: Alle Aktivitäten zu einem Arbeitspaket des Vorgehensmodells:**
  Diese Sicht strukturiert den Projekt-IMG nach Arbeitspaketen des Vorgehensmodells. Sie wird also nur dann verwendet, wenn die R/3-Einführung anhand des Vorgehensmodells erfolgt.

Darüber hinaus können anhand von Attributen auch kundenindividuelle Sichten erzeugt werden, um z.b. eine aufgabenspezifische Zusammenstellung von Arbeitsschritten für einzelne Mitarbeiter vorzunehmen. Diese Attribute sind:

- Bezug zum Releasestand
- Bezug zur Organisation

Im Rahmen der (Customizing-) Projektadministration können über die o.g. Sichten sowie über die Statusinformationen Auswertungen der Projekte über Fortschritt und Art der vorgenommenen Einstellungen erzeugt werden.[34]

4.5 IMG-Aktivitäten

Die IMG-Aktivität stellt die kleinste Einheit innerhalb der IMG-Hierarchie dar. Sie setzt sich jeweils aus vier verschiedenen Funktionsmöglichkeiten zusammen (Vgl. Abbildung 5: IMG-Arbeitsschritt).

---

[34] Vgl. SAP-AG (Hrsg.), R/3-System Online Documentation, Rel. 3.1g, Walldorf 1997.

1) **Aufruf der SAP-Dokumentation**: Zu jeder Customizing-Aktivität ist jeweils eine ausführliche Dokumentation über Voraussetzungen, Art der Aktivität und Empfehlungen zur Durchführung vorhanden. Diese kann durch einen Doppelklick auf die Aktivität oder das Anklicken der entsprechenden Ikone („gelbes Dokument") aufgerufen werden. Die Anzeige erfolgt entweder mit Microsoft Winhelp oder per Hypertext.

2) **Aufruf der Customizing-Transaktion:** In dieser Bildschirmmaske werden die eigentliche Systemeinstellungen, also die Pflege der Tabellen, vorgenommen. Die Einstellung erfolgt mit Hilfe von Views, so daß innerhalb einer Customizing-Transaktion durchaus auch mehrere Tabellen verändert werden können. Die Organisation und Reihenfolge der IMG-Aktivitäten ist also – genau so wie die Strukturierung des Referenzmodells – nach betriebswirtschaftlichen und nicht DV-technischen Gesichtspunkten gegliedert.

3) **Aufruf des Projektmanagements:** Zu jeder Aktivität können in dieser Funktion administrative Informationen eingegeben und gepflegt werden. Dies sind z.b.:

- Status bzw. Bearbeitungsstand
- Anfang- und Endtermin (Plan und Ist)
- Abarbeitungsgrad in %
- Eingeplante und Verwendete Ressourcen (z.B. Mitarbeiter)

Über diese Attribute kann das Projektmanagement jederzeit in der Projektverwaltung Auswertungen über z.b. noch nicht abgeschlossene Aktivitäten oder Aktivitäten mit Zeitüberschreitungen generieren und ist somit jederzeit über den Stand der einzelnen IMG-Projekte informiert.

4) **Aufruf der Projektdokumentation (Notizen):** In der Projektdokumentation können z.b. die Einstellungen oder der Bezugspunkt im Fachkonzept dokumentiert werden, um z.b. bei Abnahme des Systems eine bessere Prüfmöglichkeit zu haben. Dabei können zwischen unterschiedlichen Notiztypen wie Kundennotiz oder Beraternotiz unterschieden und später selektiert werden. Die Ablage der Dokumentation kann entweder projektspezifisch oder projektunabhängig z.b. im SAPoffice erfolgen.[35]

---

[35] Vgl. SAP-AG (Hrsg.), Die Business Engineering Workbench, Walldorf 1997, S. 2-14.

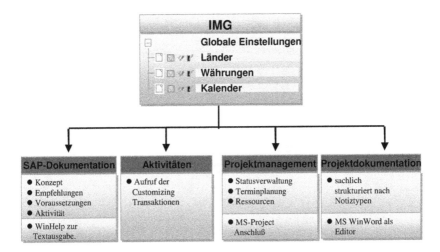

Abbildung 5: IMG-Arbeitsschritt[36]

5 Computer Aided Test Tool

Das Computer Aided Test Tool (CATT) ermöglicht es, wiederholbare betriebswirtschaftliche oder administrative Vorgänge in Testabläufen zusammenzufassen und diese zu automatisieren. Der Einsatz von CATT reduziert die Anzahl der manuellen Tests und zwingt darüber hinaus zur Systematisierung der Tests durch einen definierten Input.[37]

Zu diesem Zweck werden sog. Testbausteine (z.b. Anlegen eines Debitors) zu Testabläufen zusammengefaßt und automatisiert „abgespielt". Am Ende eines solchen Testablaufs werden die Ergebnisse einer jeden Transaktionsstufe protokolliert und somit kann eine verbesserte Fehlerverfolgung stattfinden.

Folgende Sachverhalte im R/3-System können mit dem CATT getestet werden:

- Prüfen von Transaktionen
- Prüfen von Systemmeldungen
- Wertermittlung und Datenbankfortschreibung
- Prüfen von Reaktionen auf Änderungen der Customizing-Einstellungen

Allerdings können mit dem CATT keine Listenerzeugung oder Editorfunktionen in der ABAP/4-Workbench getestet werden.

Korrelierend dazu ist der Einsatz vom CATT in der Praxis - zumindest auf Beraterseite - nicht weit verbreitet.

---

[36] Quelle: Eigene Darstellung.
[37] Vgl. SAP-AG (Hrsg.), R/3-System Online Documentation, Rel. 3.1g, Walldorf 1997.

6 SAPoffice

6.1 Allgemeine Beschreibung

SAPoffice ist ein elektronisches Mail- und Ablagesystem. Über das Mailsystem können Dokumente intern (an andere SAP-Benutzer im selben System) und extern (an Nicht-SAP-Benutzer oder SAP-Benutzer in einem anderen System) gesendet werden. Das externe Senden kann über die Telematikdienste, X.400 oder Internet erfolgen.

Im Ablagesystem werden die Dokumente in sog. Mappen verwaltet. Es wird unterschieden zwischen der Persönlichen Ablage und der Allgemeinen Ablage. Die Mappen der Persönlichen Ablage sind benutzerspezifisch, d.h. nur der Benutzer selbst darf auf diese zugreifen. Die Mappen der Allgemeinen Ablage können allen Benutzern zugänglich sein oder aber definierten Benutzern und Benutzergruppen einen gemeinsamen Zugriff auf Dokumente ermöglichen. (spezielles Berechtigungskonzept)

Die Dokumente können sowohl mit SAP- als auch mit PC-Editoren erstellt werden. An die Dokumente können eine bzw. mehrere Anlagen gehängt werden. Zudem können archivierte Dokumente und eingehende Faxe verwaltet werden.

Die Funktionsweise von SAPoffice ist insoweit mit der anderer Groupware-Lösungen wie z.B. Lotus-Notes vergleichbar.

6.2 Einbindung in die Projektorganisation

Mit Hilfe von SAPoffice kann die Projektarbeit – speziell die Projektadministration – technisch unterstützt werden. So kann z.B. die gesamte Projektdokumentation zentral in der allgemeinen Ablage verwaltet werden und ist somit jedem Mitglied der Projektgruppe zugänglich. Dabei können Verzeichnisse unterschiedlicher Hierarchie und mit speziellen Benutzerrechten eingerichtet werden, um z.B. den Bedürfnisse der Teilprojekte gerecht zu werden.

Darüber hinaus kann der gesamte „Briefverkehr" innerhalb der Projektgruppe in SAPoffice durch das Mailsystem abgewickelt werden.[38]

7 Einsatz und Verwendung der Einführungswerkzeuge während der R/3-Implementierung

Innerhalb eines R/3-Projektes werden die verschiedenen Aufgaben durch einzelne Tools unterstützt. Sofern es sich dabei um R/3-interne Tools wie Referenzmodell und IMG handelt, können diese direkt aus den jeweiligen Arbeitspaketen des Vorgehensmodells aufgerufen werden (Vgl. 2.1.3Arbeitspakete).

Darüber hinaus können nicht R/3-interne Tools durch standardisierte Schnittstellen im Vorgehensmodell, IMG und Referenzmodell ebenfalls eingesetzt werden.

Zu den allgemeinen Inhalten der jeweiligen Phasen sei auf die Kapitel 2.2 bis 2.7 verwiesen.

---

[38] Vgl. SAP-AG (Hrsg.), R/3-System Online Documentation, Rel. 3.1g, Walldorf 1997.

7.1 Phase 1: Organisation und Konzeption

In der Organisations- und Konzeptionsphase werden neben der allgemeinen Projektplanung das Fach- und DV-Konzept entworfen. Hier unterstützt das Referenzmodell insofern, als es die Möglichkeit bietet, basierend auf dem R/3-Leistungsumfang die jeweiligen Prozesse und Funktionen auszuwählen. Darüber hinaus wird die Konzeption der Schnittstellen zu Fremd- und Altsystemen durch die Daten- und Informationsflußsicht erleichtert.

Durch die Schnittstelle zum ARIS Toolset und dem Business Modeler der Firma VISIO können die Graphiken aus dem Referenzmodell exportiert, daraus kundenindividuelle Modelle modelliert und später dann in zurück in das Referenzmodell importiert werden.

Insofern hat der Einsatz des Referenzmodells in dieser frühen und wichtigen Phase seinen Schwerpunkt, denn Fehler im Funktions- und Prozeßabgleich dieser Phase haben weitreichende Konsequenzen, die erst im Rahmen des Customizing erkannt werden und somit das Einführungsprojekt immens verlängern können.

Wenn Fach- und DV-Konzept freigegeben sind, werden im Customizing bereits der Unternehmens- und die Projekt-IMGs inklusive der dazugehörigen Sichten generiert. Darüber hinaus werden bereits die benötigten Mandanten eingerichtet (Test- und Schulungsmandanten).

Parallel dazu werden in der Projektadministration des Vorgehensmodells bzw. in SAPoffice alle Ergebnisse bezüglich:

- der Projektplanung (Termine, Ressourcen)
- Protokolle der Projektsitzungen
- IMG-Aktivitäten

dokumentiert und verwaltet.[39]

7.2 Phase 2: Detaillierung und Realisierung

In dieser Phase werden sämtliche Customizing-Einstellungen gemäß Fach- und DV-Konzept vorgenommen. Dies geschieht im Rahmen der einzelnen Projekt-IMGs.

Darüber hinaus werden die Schnittstellen sowie die Formulargestaltung und das Berichtswesen in der ABAP/4-Workbench bzw. in SAPscript programmiert und die Datenübernahme aus Alt- und Fremdsystemen im Testsystem getestet.

Die Tests können gegebenenfalls bereits hier durch das CATT unterstützt werden. Dies findet in der Praxis allerdings kaum Anwendung. Statt dessen werden jeweils individuelle Testszenarien entlang der Geschäftsprozesse individuell erstellt und manuell getestet.

Innerhalb der Projektadministration des Vorgehensmodells wird wiederum die Statuskontrolle und Projektverfolgung bezüglich Terminen und Ressourcen innerhalb der jeweiligen Arbeitspakete betrieben.

---

[39] Vgl. Keller, G., Brenner, W., Business Reengineering, 1995, S. 72 ff.

In den Projekt-IMGs werden Art und Dauer der Customizing-Einstellungen dokumentiert und die einzelnen Aktivitäten mit einem Status wie „abgeschlossen", „in Arbeit", „offener Punkt", usw. versehen. Hierüber können in Rahmen der Projektauswertung, Informationen über den Fortschritt des Projektes gewonnen werden.[40]

7.3 Phase 3: Produktionsvorbereitung

In dieser Phase werden die „letzten Maßnahmen zur Produktivsetzung" getroffen. Dazu gehört neben der Installation und Einrichtung des Produktivsystems auch Datenübernahme sowie die Anwenderschulung.

Die Erstellung der Schulungsunterlagen erfolgt mit Hilfe bzw. auf Basis der im Referenzmodell ausgewählten und beschriebenen Prozesse. Parallel dazu fließen die spezifischen Customizing-Einstellungen ebenfalls in die Schulungsdokumentation ein.

Darüber hinaus werden durch das Transportsystem alle abgenommenen Customizing-Einstellungen in das Produktivsystem übernommen und dort erneut getestet. Desgleichen wird mit den Schnittstellen zur Datenübernahme verfahren.[41]

Auch in dieser Phase wird im Vorgehensmodell die Projektverfolgung bezüglich Terminen und Ressourcen fortgeführt.

7.4 Phase 4: Produktivnutzung

Nachdem das Produktivsystem installiert und der Produktivbetrieb aufgenommen wurde, wird in dieser Phase das System optimiert und die Anwender betreut.

Dafür werden im Rahmen des Customizing noch einmal die kritischen Einstellungen verifiziert und darüber hinaus versucht, durch Bearbeitung von Kann- und unkritischen Aktivitäten, das System bzw. den Prozeßablauf als solchen zu optimieren (Continious Engineering). Durch die Systemadministration werden außerdem sog. Tuning-Maßnahmen zur verbesserten System-Performance durchgeführt.

Im Rahmen der Projektadministration werden sämtliche Abschlußarbeiten zur Projektvollendung vorgenommen. Dies beinhaltet die Erstellung eines Abschlußberichtes, die Kontrolle der Einhaltung von :

- Zielen
- Terminen
- und Kosten

sowie die Analyse, ob Anschlußprojekte wie z.B. Workflowimplementierung notwendig sind.

---

[40] Vgl. Keller, G., Brenner, W., SAP R/3, 1998, S. 217 ff.
[41] Vgl. SAP-AG (Hrsg.), R/3-System Online Documentation, Rel. 3.1g, Walldorf 1997.

8 Neuere Entwicklungen im Engineering

8.1 Accelerated SAP (ASAP)

8.1.1 Allgemeines

Accelerated SAP (ASAP) ist eine von SAP entwickelte und verwendete Vorgehensmethodik zur (beschleunigten) Einführung von R/3. Im Gegensatz zum früheren Vorgehen stellt diese Methode einen ganzheitlichen Ansatz zur R/3-Einführung dar, d.h. neben den gewöhnlichen SAP-Werkzeugen wie Business-Engineer und IMG, die funktional erweitert wurden, werden hier auch umfassende Projektmanagement-Werkzeuge zur Administration angeboten (Implementation Assistant).

Darüber hinaus wurden die anderen Einführungswerkzeuge durch diverse Funktionalitäten, umfassende Beispiele, Fragebögen, (Branchen-)Templates und Checklisten erweitert. Dies hat zur Folge, daß Einführungszeiten und –Kosten der Projekte (lt. SAP) um ein vielfaches verkürzt werden können.

ASAP wird derzeit nur von der SAP und ausgewählten Partnern (dem sog. Team SAP) als Methodik angeboten. Es ist momentan nur in englischsprachigen Ländern – vornehmlich den USA – im Einsatz. Der Einsatz in deutsch- und französischsprachigen Ländern ist aber bereits in Planung.

Darüber hinaus ist ASAP lediglich dafür konzipiert, den R/3-Standard einzuführen, d.h. weder Reengineering noch Redesign-Projekte werden von ASAP unterstützt.

SAP erhofft sich aufgrund der stark verringerten Einführungszeit und den u.a. daraus resultierenden geringeren Kosten sowie der Jahr-2000-Problematik eine verstärkte Nachfrage vor allem aus dem Mittelstand.[42]

8.1.2 Roadmap

Die Roadmap (zu deutsch Landkarte) ist der ASAP-Projektplan und stellt somit den Nachfolger für das R/3-Vorgehensmodell dar.

Die Roadmap setzt sich aus den fünf Phasen:
1. Projektvorbereitung
2. Business Blueprint (Konzeption)
3. Realisierung
4. Produktionsvorbereitung und
5. Go-Live & Support

zusammen (Vgl. Abbildung 6: ASAP-Roadmap). Korrelierend dazu werden Schulungen und Services für die jeweiligen Projektphasen von der SAP angeboten.

---

[42] http://www.sap.com/asap

Abbildung 6: ASAP-Roadmap[43]

8.1.3 ASAP-Projektphasen

Phase 1 (Projektvorbereitung) entspricht bezüglich der allgemeinen Projektvorbereitung in etwa der Phase 1 des Vorgehensmodells (Vgl. Kapitel 2.2 Phase 1: Organisation und Konzeption), mit dem Unterschied, daß sämtliche Aktivitäten zur Fachkonzepterstellung bzw. zur Geschäftsprozeßanalyse in Phase 2 „verschoben" worden sind. Darüber hinaus wird die Projektplanung durch den sog. Project-Estimator als Standardtool unterstützt. Dies ist ein Projektplanungs- und Steuerungstool, welches funktional gegenüber der Projektadministration im Vorgehensmodell eminent erweitert wurde (u.a. durch Funktionalitäten zur Kostenplanung und –Kontrolle; Qualitätssicherung sowie Optimierungsfunktionen durch Netzplantechnik).

Die Phase 2 (Business-Blueprint) beinhaltet die Erstellung des Fachkonzeptes als Ausgangsbasis für die spätere Phase 3. Zusammen mit Phase 3 wird von der SAP dieser Phase der Schwerpunkt innerhalb des Projektes zugemessen. So werden hier diverse Engineering-Tools zur Unterstützung der Projektarbeit eingesetzt. Dies sind z.B. hypertextbasierte Checklisten und (Branchen-) Templates sowie die sog. „Question and Answer Database", in der in Form eines Frage-und-Antwort-Spiels alle relevanten R/3-Geschäftsprozesse selektiert und dem jeweiligen Referenzprozeß zugeordnet werden. Dadurch wird der Zeitaufwand für das Customizing in Phase 3 stark reduziert.

Phase 3 (Realisierung) ist durch ein 2-stufiges Customizing gekennzeichnet. Im sog. „Baseline-Customizinig" werden durch die SAP-Berater – basierend auf den Ergebnissen der Phase 2 – Voreinstellungen im R/3 vorgenommen, die bereits 80% der Geschäftsprozesse des Unternehmens abdecken sollen. Danach werden durch die Projektgruppen - durch Feineinstellungen - die „restlichen" 20% der Geschäftsprozesse implementiert.

Phase 4 und 5 (Produktionsvorbereitung bzw. Go-Live & Support) entsprechen insofern den Phasen 3 und 4 des Vorgehensmodells, als hier in Phase 4 der Schwerpunkt auf Test und Schulung und in Phase 5 auf der Produktivunterstützung durch die SAP liegt (vgl. Kapitel 2.4 Phase 3: Produktionsvorbereitung und 2.5 Phase 4: Produktivbetrieb).

Sämtliche Projektphasen werden durch Schulungen, Support und Services seitens der SAP AG begleitet. Darüber hinaus wird im Rahmen des allgemeinen Projektmanagements mit Hilfe des Implementation Assistant der Projektverlauf kontrolliert. [44]

---

[43] Quelle: http://www.sap.com/asap
[44] Vgl. SAP AG (Hrsg.), ASAP, Walldorf 1998, S. 3 ff.

8.2 Konfiguration

Unter Konfiguration im Allgemeinen kann der Versuch verstanden werden, eine „automatisierte Schnittstelle" zwischen den Projektphasen Konzeption und Detaillisierung bzw. zwischen dem Referenzmodell und dem Customizing zu schaffen. Dies würde bedeuten, daß aus kundenindividuellen Geschäftsprozeßmodellen automatisch das jeweilige Customizing generiert wird.

Ansätze hierfür werden zur Zeit von der SAP in Zusammenarbeit mit der Firma IDS entwickelt (in Form des sog. ARIS-Link), sind aber noch nicht in der Praxis einsatzfähig.

In diesem Zusammenhang ist ebenfalls erwähnenswert, daß die SAP mit dem Release 4.0 den sog. Business Configurator als zusätzliches Einführungswerkzeug ausliefert. Hier werden durch interaktive Prozeßauswahl vom System bereits Customizing Aktivitäten selektiert und voreingestellt. Dies ist aber nur mit R/3-Standardprozessen möglich.[45]

9 Fazit

In den vorangegangenen Kapiteln wurden die Methodiken und Werkzeuge zur „erfolgreichen" R/3-Einführung vorgestellt. Diese Werkzeuge sind – mit Ausnahme des R/3-Analyzers - integraler Bestandteil des R/3-Systems. Hier liegt ein klarer Vorteil, da durch Auswahl dieser Tools als Implementierungsstandard keine „Schnittstellen" zu anderen Tools oder Methodiken aufwendig konzipiert und anschließend abgestimmt werden müssen und somit generell ein Projektmanagement nach ISO 9000 gewährleistet ist.

Obwohl das R/3-System eindeutig als Standardsoftware klassifiziert werden muß, sind Vorgehensmodell, Referenzmodell und IMG dennoch insoweit konfigurierbar, daß die Anwender eigene Vorstellungen bzw. Parametrisierungen in den Einführungsprozeß mit einbeziehen können. Dies ist z.B. durch Schnittstellen zu PC-Anwendungen wie MS-Office realisiert worden.

Darüber hinaus wird mit Hilfe der einzelnen Tools versucht, die Komplexität der R/3-Software zu reduzieren bzw. transparent zu machen und somit unnötige Verständnis- und Abstimmungsprobleme von vornherein auszuschließen. Dies gilt im besonderen für das Referenzmodell und das Customizing, da letzteres durch die Möglichkeit der Organisation in einzelnen (Customizing-) Projekten die Projektteams in ihrer Arbeit aktiv unterstützt.

Parallel dazu ist der gesamte Einführungsprozeß nach Vorgehensmodell umfassend durch die SAP in der Online-Documentation und im System in den einzelnen Arbeitspaketen und IMG-Arbeitsschritten dokumentiert und durch Beispiele und Empfehlungen ergänzt. Darüber hinaus bietet die SAP spezielle Schulungen und Help-Desk Funktionen wie z.B. das Online Service System (OSS) an, die das jeweilige Projektteam in der täglichen Arbeit nutzen können.

Es wird hier also seitens der SAP versucht, einen möglichst ganzheitlichen Ansatz der Vorgehensmethodik zu gewährleisten. Neuere Entwicklungen wie ASAP oder die

---

[45] http://www.sap.com/asap

strategische Zusammenarbeit mit großen Beratungsfirmen wie Andersen Consulting oder IBM verfolgen das gleiche Ziel.

Dennoch liegen bei den „klassischen" Einführungswerkzeugen organisatorische Unzulänglichkeiten in der Handhabung, aber auch in der Konzipierung vor. So wird für die Projektverfolgung im Vorgehensmodell und IMG ein separates Projektmanagement angeboten, deren parallele Administration sich als sehr aufwendig gestalten kann. Darüber hinaus ist im Vorgehensmodell keinerlei Möglichkeit der Kostenkontrolle oder Projektkalkulation vorgesehen. Zeitliche Optimierungen durch den Einsatz von Netzplantechniken sind ebenfalls nicht berücksichtigt.

Insofern ist der vollständige Einsatz aller in dieser Arbeit beschrieben Einführungswerkzeuge zumeist nur der „theoretische Idealfall". In der Praxis gestalten sich die Einführungsprojekte insofern anders, als das Vorgehensmodell und Referenzmodell nicht voll funktional durch die Berater genutzt werden. Dies liegt vor allem daran, daß Projektmanager die Kostenverfolgung berücksichtigen müssen und Prozeßanalysen in der Praxis zumeist nicht in der Vollständigkeit durchgeführt werden wie es die SAP vorsieht.

Darüber hinaus werden von den großen Beratungsfirmen zumeist eigene Methodiken wie z.B. ISIM[46] von der IBM oder R/3-LIVE von Siemens Nixdorf zur R/3-Einführung genutzt, die die R/3-Einführungswerkzeuge teilweise mit einbeziehen und um eigene Projektmanagement-Tools ergänzen. Dies hat seinen Ursprung zum einen ebenfalls in der Tatsache, daß hier praxisrelevante Aspekte wie Kostenkontrolle, Aufwandsschätzungen sowie alternative Einführungsstrategien methodisch besser unterstützt werden. Zum anderen müssen die Beratungshäuser sich aus marketingpolititschen Gründen natürlich auch mit eigenen Methoden von ihren Konkurrenten absetzen und ihre Rolle innerhalb der Projekte legitimieren.

Die SAP versucht zwar durch die Entwicklung von ASAP ebenfalls eine ganzheitliche Einführungsmethodik mit unterstützenden Werkzeugen für alle Phasen der R/3-Einführung anzubieten, doch gerät der Kunde hier ebenfalls in eine starke Abhängigkeit. So wird diese Methode nur durch das sog. Team SAP (durch die SAP zertifizierte Berater) angeboten und zwingt das Unternehmen darüber hinaus, in sämtlichen Unternehmensbereichen den R/3-Standard einzuführen, ohne die eigenen Prozesse überdenken oder optimieren zu können.

Insofern bleibt die günstigste Lösung für Kunden wahrscheinlich der Versuch, eine möglichst „individuelle" R/3-Einführung mit kompetenten aber von der SAP relativ unabhängigen Beratungsfirmen durchzuführen, was in Einzelfällen jedoch einer Quadratur des Kreises gleichkommen kann.

Die R/3-Einführungswerkzeuge bieten hierbei auf jeden Fall – zumindest als ergänzende Elemente innerhalb der Vorgehensmethodik – eine aktive Unterstützung.

---

[46] ISIM steht für: Integrated Software Implementation Method und stellt die weltweit einheitliche Vorgehensweise der IBM zur SAP-Einführung dar.

10 Abbildungsverzeichnis

11 Literaturverzeichnis

Brenner, W.; Keller, G.:   (SAP R/3),
                                  SAP R/3 prozeßorientiert anwenden, 2. Aufl.,
                                  Addison-Wesley Verlag, Bonn 1998.

Brenner, W.; Keller, G.:   (Business Reengineering),
                                  Business Reengineering mit Standard-Software,
                                  Campus Verlag, Frankfurt 1996.

Rosemann, M.; u.a.:   (Geschäftsprozeßorientierung),
                                  Modellbasierte Organisations- und
                                  Informationssystemgestaltung unter Verwendung der
                                  R/3-Referenzmodelle, in: Wenzel, P. (Hrsg.),
                                  Geschäftsprozeß-Optimierung mit SAP R/3, Vieweg
                                  Verlag, Braunschweig 1995.

SAP AG (Hrsg.):   (ASAP),
                                  Accelerated SAP Produktbroschüre, Walldorf 1998.

SAP AG (Hrsg.):   http://www.sap.com/asap

SAP AG (Hrsg.):   Die Business Engineering Workbench, Walldorf
                                  1997

SAP AG (Hrsg.):   R/3-System Online Documentation, Rel. 3.1g,
                                  Walldorf 1997.

SAP AG (Hrsg.):   http://www.sap-ag.de/

www.ingramcontent.com/pod-product-compliance
Lightning Source LLC
La Vergne TN
LVHW092352060326
832902LV00008B/992